PRÄSIDENTSCHAFT DER TÜRKISCHEN REPUBLIK FÜR RELIGIÖSE ANGELEGENHEITEN

Allgemeine Veröffentlichung Nr: 2308
Volksbücher: 645

DAS FASTEN - DER SEGEN DES RAMADAN
DR. Rukiye AYDOĞDU DEMİR

Chefredakteur: Doz. Dr. Fatih KURT
Koordination: Yunus YÜKSEL
Herausgeber: Elif ERDEM
              Hale ŞAHİN
              Dr. Rukiye AYDOĞDU DEMİR
Übersetzung: Büşra ŞAHİN ARSLAN
Redaktion: Ebrar ERKOÇ
Grafik & Design: Uğur ALTUNTOP

Druck: Epa-Mat Bas. Yay. Prom. San. ve Tic. Ltd. Şti.
Tel: +90 312 394 48 63

2. Auflage, ANKARA 2022

ISBN: 978-625-435-395-6
2022-06-Y-0003-2308
Zertifikat Nr: 12930

Entscheidung der Prüfungskomission: 09.09.2022/149

© Präsidium für Religionsangelegenheiten, Abteilung Religiöse Publikationen

Kontakt:
Präsidium für Religionsangelegenheiten
Generaldirektorat für religiöse Publikationen
Abteilung für Publikationen in Fremdsprachen und Dialekten
Dini Yayınlar Genel Müdürlüğü
Yabancı Dil ve Lehçelerde Yayınlar Daire Başkanlığı
Üniversiteler Mah. Dumlupınar Bulvarı No: 147/A
06800 Çankaya – ANKARA / TÜRKİYE
Tel.: +90 312 295 72 81 ▪ Fax: +90 312 284 72 88
e-mail: yabancidiller@diyanet.gov.tr

Vertrieb und Verkauf:
Umlaufvermögen Abteilungsleitung
Tel: +90 312 295 71 53 - 295 71 56
Fax: +90 312 285 18 54
e-mail: dosim@diyanet.gov.tr

DAS FASTEN
DER SEGEN DES RAMADAN

DR. RUKİYE AYDOĞDU DEMİR

Das Präsidium für Religiöse Angelegenheiten (Diyanet İşleri Başkanlığı) ist die einzige offizielle Institution, die Aufgaben bezüglich religiöser Angelegenheiten ausführen darf.

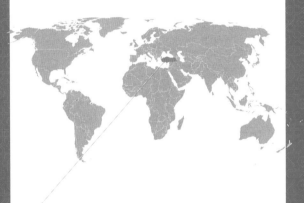

Die Republik Türkiye ist ein Land, das 1923 als Fortführung einer alten Zivilisation gegründet wurde. Die Mehrheit der Bevölkerung der Türkiye, die der Schnittpunkt der Zivilisationen ist, sind Muslime.

INHALTSVERZEICHNIS

DER MONAT RAMADAN 7
   Warum ist der Ramadan besonders?..7
   Der Ramadan ist der Monat des heiligen Korans 9
   Der Ramadan ist der Monat des Fastens..12
   Der Ramadan ist der Monat der Glaubenspraxen (Ibadah) 14
   Der Ramadan ist der Monat der Gnade (Rahmat) 15
   Der Ramadan ist der Monat der Geduld und der Danksagung....18
   Der Ramadan ist der Monat der Reuebekundung (Tawbah) 20
   Der Ramadan ist der Monat der Hilfeleistung, des
   Zusammenhalts und der Geschwisterlichkeit..............................21

DIE VORBEREITUNGEN AUF DEN RAMADAN... 25

DAS FASTEN (SAWM) 30
   Was ist das Fasten?...30
   Wird auch in anderen Religionen gefastet?..................................30
   Warum wird gefastet?...32
   Vor dem Fasten, nach dem Fasten... 40
   Welches Fasten?..41
      Zunächst die Bekanntgabe der Absicht *(Niyah)*.......................41
      Vom Imsak zum Iftar..42
   Wer kann fasten?...47
   Was macht das Fasten ungültig?..48
   Was sind die Makruh des Fastens?...51
   Was sind die Sunnah/Mustahab des Fastens?...............................51
   Welche Arten des Fastens gibt es? 54
      Das Schawwal-Fasten 54
      Das Aschura-Fasten 55
      Das dreitägige Fasten in jedem Monat.......................................56
      Das Fasten an Montagen und Donnerstagen.............................57

Das Dhu'l-Hiddscha-Fasten 57
Das Fasten im Monat Schaban 58
Das Dawud (as.) - Fasten 58
Das Fasten in den Haram-Monaten 59
In welchen Zeiten darf nicht gefastet werden? 60

DIE FREUDE AUF DIE FESTTAGE 61

DER MONAT RAMADAN

Warum ist der Ramadan besonders?

Allah ist *Rahman*[1] und *Rahim*[2], der Besitzer endloser Barmherzigkeit. Mit Seiner grenzenlosen Gunst und Gnade umfasst Er das gesamte Universum; Er behandelt Seine Diener sowohl auf der Welt als auch im Jenseits mit dieser unerschöpflichen Barmherzigkeit. Er weist ihnen den Weg, damit sie nicht vom Rechten abdriften, Er ermahnt sie, damit sie keine Übeltaten begehen, Er vergibt ihnen, wenn sie Fehler begehen, und bietet ihnen verschiedene Möglichkeiten, um Gutes zu tun. Er schafft manche besondere Zeiten in der „Zeit", damit sie zu besseren Menschen und zu besseren Muslimen werden. Allah erwünscht, dass die Menschen durch die Wahrnehmung dieser „besonderen" Zeiten ein segensreiches Leben führen. Er erwünscht, dass sie sich ihrem Herrn in diesen besonderen und schönen Zeiten

---

1 *Rahman* bedeutet „Der, Der allen Existenzen auf der Welt Barmherzigkeit und Wohltaten erweist".
2 *Rahim* bedeutet „Der, Der im Jenseits nur den Gläubigen Barmherzigkeit und Wohltaten erweist".

Der Ramadan ist für die Muslime
„der Monat der Gnade",
„der Monat des heiligen Korans",
„der König der elf Monate".

mehr als gewohnt zuwenden, Ihm bei Tag und Nacht gedenken und sich Ihm mit ihrer gesamten Existenz nähern. Er erwünscht, dass sie sich vom Üblen fernhalten, sich von ihren Sünden reinigen und rein werden. Er möchte, dass sich die Menschen in diesen Zeiten näherkommen, die Türen derer aufsuchen, die hilfsbedürftig sind, die Notleidenden erfreuen und somit zu besseren Menschen werden. Allah entgegnet den Wohltaten, die in diesen Zeiten vollführt werden, mit großem Lohn, denn Er ist ar-Rahman und ar-Rahim. Eine dieser „heiligen Zeiten", welche der Widerschein Allahs endloser *Rahmat*[3] ist, ist der Monat Ramadan.

Der Ramadan ist der Monat des heiligen Korans

Da die Offenbarung des Korans, der das heilige Buch des Islams ist, in diesem Monat begann, wird der Ramadan auch als der Monat des heiligen Korans bezeichnet. Diese Eigenschaft des Ramadan wird im heiligen Koran wie folgt aufgeführt:

---

3 *Rahmat* beschreibt die Gnade und Gunst Allahs, dass Er für die ganze Existenz Gutes erwünscht, ihnen jegliche Hilfe bieten und ihnen Güte erweisen möchte.

DAS FASTEN - DER SEGEN DES RAMADAN

„Der Monat Ramadan (ist es), in dem der Koran als Rechtleitung und als klare Beweise der Rechtleitung und der Unterscheidung für die Menschen herabgesandt wurde..." (al-Baqara, 2/185)

Die ersten Verse des heiligen Korans wurden dem Propheten im Ramadan des Jahres 610 in der *Lailat al-Qadr* (die Nacht der Bestimmung) in der Hira-Höhle offenbart. Der Monat Ramadan ist äußerst wertvoll, da sich die Lailat al-Qadr, welche segensreicher als tausend Monate ist, in ihm befindet. Auf den Wert dieser Nacht wird im heiligen Koran wie folgt hingewiesen:

„Wir haben ihn ja in der Nacht der Bestimmung hinabgesandt. Und was lässt dich wissen, was die Nacht der Bestimmung ist? Die Nacht der Bestimmung ist besser als tausend Monate. Es kommen die Engel und der Geist (Dschabrail) in ihr mit der Erlaubnis ihres Herrn mit jeder Angelegenheit herab. Frieden ist sie bis zum Anbruch der Morgendämmerung." (al-Qadr, 97/1-5)

Der Prophet Muhammed (saw.)[4] legte großen Wert auf die Nacht der Bestimmung

---

4 (saw.) ist die Abkürzung für *„Sallallahu alayhi wa sallam"* mit der Bedeutung *„Friede und Gruß sei mit ihm"*.

und äußerte für diese Nacht, welche im Monat Ramadan verborgen ist: *"Sucht (die Nacht der Bestimmung) in den letzten zehn Tagen des Ramadan!"* (Muwatta, I'tikaf, 6) In diesem Zeitintervall bemühte er sich noch mehr als gewöhnlich um das Praktizieren von Glaubenspraxen. Aufgrund der Wahrscheinlichkeit, dass die Nacht der Bestimmung in einer der letzten zehn Tage liegt, die ein ungerades Datum haben, verbrachte er die 23., 25. und 27. Nacht zusammen mit seiner Familie mit Glaubenspraxen. (Tirmidhi, Sawm, 81; Nasa'i, Sahw, 103) Er lehrte seiner Frau Aischa (ra.)[5] welche danach fragte, wie in der Nacht der Bestimmung gebetet werden sollte, das Bittgebet *"Oh Allah, Du bist der Erbarmer, der Großzügige, Du liebst es zu vergeben, so vergebe mir."* (Tirmidhi, Da'awat, 84)

Der Gesandte Allahs (saw.) rezitierte in den Ramadan-Tagen oft und viel aus dem heiligen Koran. In diesem Monat las der Prophet in jeder Nacht Dschabrail, der zu ihm kam, den heiligen Koran vor. (Bukhari, Sawm, 7) Diese gegenseitige Tätigkeit des Lesens und des Vernehmens wird

---

5 (ra.) ist die Abkürzung für „Radiyallahu anh / anha/ anhum" mit der Bedeutung „Möge Allah mit ihm/ihr/ihnen zufrieden sein".

> „Demjenigen der im Ramadan fastet, indem er an Allah glaubt und seinen Lohn von Allah erhofft, werden seine vergangenen Sünden vergeben.

„Muqabala" genannt. Die Muqabala-Tradition, welche seit Jahrhunderten andauert, stammt von dieser Sunnah (vorgelebten Religionspraxis) des Propheten. Selbstverständlich ist es nicht nur wichtig, den heiligen Koran zu rezitieren und der Koranrezitation zuzuhören. Auch sollte über seine göttlichen Botschaften nachgedacht werden; Muslime sollten versuchen, die Botschaften zu verstehen, überdenken, welche Rolle diesen Botschaften in ihrem Leben zugeschrieben wird und versuchen, jeden der Koranverse in ihrem Leben widerzuspiegeln. In dieser Hinsicht ist der Ramadan eine große Möglichkeit, um mit dem heiligen Koran, seinen Botschaften und unserem Herrn, Der uns den heiligen Koran sandte, zusammenzukommen, sich all dem anzufreunden und sich Allah zu nähern.

Der Ramadan ist der Monat des Fastens

Eine der Grundeigenschaften des Ramadan, die diesen Monat wichtig und wertvoll machen, ist, dass das Ramadan-Fasten in diesem Monat verrichtet wird.

Wie gestaltete sich der Ramadan unseres Propheten?

Im Monat Ramadan zu fasten ist für jeden Muslim ein *Fardh*[6] und *eine* der grundlegenden Glaubenspraxen/Ibadah des Islam. Der Monat Ramadan gewinnt mit dem Fasten an Bedeutung, weshalb Menschen, die nicht fasten, weder seinen Geist noch seine Spiritualität erfassen können. Eine Person, die im Ramadan sowohl ihren anderen Glaubenspraxen mit Sorgfalt nachgeht als auch das Fasten ordnungsgemäß verrichtet, reinigt sich selbst. Der Gesandte Allahs verkündete diesbezüglich:

„Demjenigen, der im Ramadan fastet, indem er an Allah glaubt und seinen Lohn von Allah erhofft, werden seine vergangenen Sünden vergeben." (Bukhari, Iman, 28)

---

6 *Fardh* beschreibt alle religiösen Verpflichtungen, deren absolute Verbindlichkeit durch bestimmte Beweise nachgewiesen und begründet sind. In dieser Hinsicht gehören alle religiösen Verpflichtungen die durch Allah und Seinen Gesandten (saw.) dem verpflichteten Muslim auf eine deutliche und verbindliche Art und Weise aufgelegt wurden, zu den *Fara'id* (Plural des *Fardh*).

Der Ramadan ist der Monat der Glaubenspraxen (Ibadah)

Der Ramadan ist die Zeit, in der wir unser glaubenspraktisches Leben intensiver als sonst leben. Denn die Tage und Nächte des Ramadan werden mit einigen besonderen Glaubenspraxen verbracht. Der Gesandte Allahs war den Menschen mit seinem glaubenspraktischen Leben in dieser Hinsicht ein Vorbild und nahm den Ramadan als den Monat der Glaubenspraxen wahr.

Im Ramadan bemühte der Prophet Muhammed sich darum, seinem Herrn würdig zu sein, rezitierte zusammen mit Dschabrail den heiligen Koran und verrichtete in den Nächten lange Ritualgebete. Insbesondere in den letzten zehn Tagen zog er sich in den I'tikaf[7] zur Inziwa/Khalwa[8] zurück, um sich gänzlich der Ibadah hinzugeben. Außerdem war er in diesem Monat noch großzügiger als zu anderen Zeiten. (Bukhari, Sawm, 7) Auch

---

7 Während des I'tikaf zieht sich der Gläubige für ein oder mehrere Tage in die Moschee zurück, um abseits vom Weltlichen Glaubenspraxen für Allah nachzugehen.

8 Inziwa bedeutet, von der Gesellschaft abgeschieden allein zu leben, um nicht zu sündigen und um Glaubenspraxen zu verrichten.

> **Das Fasten ist die Hälfte der Geduld.**

wies der Prophet auf die Vorzüglichkeit der *Umrah*[9] (kleines Hadsch/das Pilgern außerhalb der Hadsch-Saison) im Ramadan hin und verkündete, dass die in diesem Monat verrichtete Umrah den Lohn einer Pilgerfahrt/Hadsch einbringt. (Bukhari, Umrah, 4) Zudem wurden die *Sadaqah al-Fitr*[10] und die *Zakah* (Sozialsteuer) aufgrund der Vorzüglichkeit dieses Monats im Ramadan vergeben.

Der Ramadan ist der Monat der Gnade (Rahmat)

Unser Herr, Der gegenüber Seinen Geschöpfen äußerst barmherzig ist, öffnet im Ramadan die Tore Seiner Gnade und verkündet Seinen Dienern, die den Monat Ramadan wertschätzen und ausschöpfen, verschiedene Frohbotschaften. Der Ramadan, in dem die Tore des Paradieses weit offen stehen, die Tore der Hölle

---

9 Die Umrah (auch kleine Pilgerfahrt genannt) ist eine Glaubenspraxis, die verrichtet wird, indem der Praktizierende in den Weihezustand (Ihram) eintritt, die Kaaba umrundet (Tawaf) und zwischen den Hügeln Marwa und Safa hin- und herläuft (Sa'y).

10 *Sadaqah al-Fitr* ist eine Art der Spende, die am Ende des Fastenmonats Ramadan an Arme und Bedürftige verteilt wird.

Der Ramadan ist eine Gelegenheit für die Vergebung der Sünden, die bis zum nächsten Ramadan begangenen werden.

DAS FASTEN – DER SEGEN DES RAMADAN

hingegen verschlossen werden, ist eine einzigartige Chance für diejenigen, die sich von ihren Sünden bereinigen, sich vom Üblen fernhalten und ihre Fehler wiedergutmachen möchten. Mit dem Ramadan, dessen lexikalische Bedeutung „der Regen, der Schmutz und Staub beseitigt" ist, werden im Grunde die schwarzen Flecken, die angesammelten üblen Gefühle und Wünsche der Herzen bereinigt; es wird ein Abstand zu schlechten Veranlagungen und Gewohnheiten genommen; ein Damm vor Sünden errichtet; das Versprechen gegeben, die gleichen Fehler nicht mehr zu wiederholen. Somit regeneriert und bereinigt der Ramadan unser ganzes Sein und unsere Seelen. Für die Gläubigen, die jeden Moment dieses wertvollen Monats zu schätzen wissen, verheißt der Gesandte Allahs Folgendes:

„Wenn die erste Nacht des Monats Ramadan ansteht, werden die Teufel und die aufsässigen Dschinn in Ketten gelegt, die Tore der Hölle geschlossen und keine dieser werden geöffnet. Die Tore des Paradieses werden geöffnet und keine dieser gehen zu. Dann ruft ein (Engel) wie folgt: Oh der, der das Heil erwünscht, komme zur Ibadah und zur Dienerschaft

für Allah! Oh der, der das Schlechte wünscht, wende dich von deinen Sünden ab! Es gibt viele, die Allah in diesem Monat vor dem Feuer rettet und dies ist in jeder Nacht des Ramadan so." (Tirmidhi, Sawm, 1; Ibn Madscha, Siyam, 2)

Der Ramadan ist der Monat der Geduld und der Danksagung

Der Muslim ist ein Mensch, der sein Leben im Gleichgewicht der Geduld und der Danksagung an Allah (*Schukr*) führt. Während er für die Gaben, die ihm sein Herr gab, dankt, zeigt er Geduld gegenüber den Erschwernissen und Probestellungen, mit denen er konfrontiert wird. Der Ramadan ist von einer Beschaffenheit, mit der diese Geduld des Muslims gestärkt und sein Charakter sowie seine Persönlichkeit gefestigt wird. Aus diesem Grund sagte der Gesandte Allahs: *„Das Fasten ist die Hälfte der Geduld."* (Ibn Madscha, Siyam, 44) Die Person, die, während sie fastet, dem Hunger und dem Durst standhält, sich der Ernährung fernhält, obwohl sie die Möglichkeit hätte zu essen und zu trinken, ihre Triebseele (*Nafs*[11]) lediglich für das

---
11 *Nafs* (auch Triebseele genannt) beschreibt den

Wohlgefallen Allahs bezähmt, gehört zu den Geduldigen. Die Person, die nicht nur ihren Körper, sondern auch ihre Zunge vor dem Verbotenen (*Haram*), der Lästerei und vor üblen Worten hütet, ihr Herz von Egoismus, Gier und Eifersucht bereinigt, sich von jeglicher Sünde distanziert und standhaft gegenüber alldem handelt, fastet im wahren Sinne.

Der Mensch, der anlässlich des Fastens von verschiedenen Gaben fernbleibt, versteht - auch wenn nur für eine kurze Zeit - diejenigen, denen diese Gaben entbehrt sind. Er erkennt, dass er mit vielen Menschen zusammenlebt, die nach einem Stück Brot bedürftig sind, für einen Eimer Wasser kilometerlang laufen müssen und nicht einmal ihre Grundbedürfnisse decken können. Das Fasten lehrt den Menschen, sich selbst zu hinterfragen. Zu diesen Fragen gehört, wie sehr er für die unzähligen Gaben, die ihm zuteilwerden, dankt und ob seine Danksagung an Allah ausreichend ist oder nicht. Somit erfasst er, wie geduldig und wie dankbar er ist und prüft sowohl seine Dienerschaft für Allah als auch seine Menschlichkeit. Er

---

Kern des menschlichen Wesens und die Neigung gegenüber jeglichen üblen Begierden, die den Menschen von Allah entfernen.

macht sich Gedanken darüber, wie nahe er der Geduld, der Dankbarkeit, der Auflehnung oder der Intoleranz steht. Aus diesem Grund ist der Ramadan für uns ein Anlass, um innere Einkehr zu halten, um uns auf eine Reise in unsere innere Welt zu begeben und uns selbst zu prüfen. Dabei ist auch nicht gewiss, wie viele dieser Möglichkeiten wir unser Leben lang erlangen werden.

Der Ramadan ist der Monat der Reuebekundung (Tawbah)

Der Ramadan ist ein Monat, in dem die Tore der Barmherzigkeit und Gnade geöffnet werden, die Gläubigen aufgrund dieser Gnade Allahs Vergebung finden und sich von ihren Sünden bereinigen. In diesem Monat überdenken die Muslime ihre Fehler und Mängel und bitten für ihre Sünden um Verlegung. Sie verspüren die endlose Barmherzigkeit ihres Herrn und hoffen, sich anlässlich dieser heiligen Zeit zu bereinigen. Mit dem Fasten werden sie gereinigt, mit dem Ramadan geläutert. Sie bitten in Reue, Entschlossenheit und Aufrichtigkeit um Vergebung und versprechen, nicht mehr zu sündigen. Letztendlich wird der Ramadan als die Zeit

Der Ramadan vereinigt, der Ramadan heilt.

der Reuebekundung, des Neuanfangs und der Regeneration wertgeschätzt. Diese Tatsache fasst der Prophet Muhammed in folgende Worte:

„Solange eine Person sich der großen Sünden enthält, sühnt das fünfmalige Ritualgebet bis zum nächsten Ritualgebet, das rituelle Freitagsgebet bis zum nächsten rituellen Freitagsgebet und der Monat Ramadan bis zum nächsten Ramadan für ihre kleinen Sünden." (Muslim, Taharah, 16)

Der Ramadan ist der Monat der Hilfeleistung, des Zusammenhalts und der Geschwisterlichkeit

So wie der Ramadan die Spiritualität des Individuums stärkt, veranlasst er auch das Näherkommen der Menschen im gesellschaftlichen Sinne. Nicht nur, um ein guter Diener für Allah zu sein, sondern auch um ein guter Mensch, Nachbar, Freund und Verwandter zu sein, ist der Ramadan die gelegenste Zeit. Der Ramadan sollte als eine Möglichkeit gesehen werden, um den Alleinstehenden zur Seite zu stehen, den Waisen Zuneigung zu zeigen, den

Hilfsbedürftigen eine Hand zu reichen, die Hungernden zu verstehen und die Trauernden zu erfreuen. Zumindest anlässlich des Ramadans können wir an die Türen derer zugehen, die wir sonst nicht aufsuchen und nach ihrem Zustand fragen, und die Hand derer halten, die in einer Ecke leise Hilfe abwarten. Mit Spenden (Sadaqah), der Sozialsteuer (Zakah) oder auch mit einem freundlichen Wort oder einem innigen Lächeln können wir uns ihnen nähern. Diesbezüglich sagte der Prophet: *„Hütet euch vor der Hölle, und sei es mit nur einer halben Dattel (Spende). Wenn ihr auch dies nicht aufbringen könnt, so (hütet euch) mit einem schönen Wort."* (Muslim, Zakah, 68)

In diesem Monat handelte der Prophet Muhammed noch großzügiger als sonst, bemühte sich darum, mehr Gutes und *Hasanat*[12] zu vollbringen und sah die im Ramadan verrichtete Spende (Sadaqah) als erhabener an. (Tirmidhi, Zakah, 28) Er verkündete, dass die Sadaqah al-Fitr, welche in diesem Monat vergeben wird, die überlegenste aller Spenden ist (Tirmidhi, Zakah, 28) und erwünschte, dass diese Sadaqah unbedingt vor dem Ramadan-

---

12 Alle hilfreichen, nutzbringenden, guten und schönen Taten werden *Hasanat* genannt.

Fest vergeben wird. (Bukhari, Zakah, 70) Die Sadaqah al-Fitr ist eine Spende, die die Person für sich selbst und für ihre Kinder abgeben muss, und die den Dank an Allah für das Verschonen des eigenen Lebens und der Leben, die unter ihrer Obsorge stehen, zum Ausdruck bringt. Mit dem Beginn des Ramadan kann die Sadaqah al-Fitr vergeben werden, die Vergabe vor dem Ritualgebet zum Festtag wurde als Mustahab[13] angesehen. Dass die Muslime, die bei Tag und Nacht Glaubenspraxen verrichten und mit dem Fasten ihre Körper reinigen, mit der Sozialsteuer und ihren Spenden ihren Besitz reinigen und insbesondere vor den Festtagen durch die Spende an Bedürftige ihren Dank für den Ramadan zum Ausdruck bringen, ist eine Reflexion der Überfülle dieses Monats. Obwohl für die Sozialsteuer/Zakah, deren Abgabe Fardh ist, keine bestimmte Zeit bestimmt wurde, machten die Muslime es zu einer Tradition, diese Abgabe im Ramadan an Bedürftige zu vergeben, und profitierten somit sowohl finanziell als auch spirituell von der Atmosphäre des Ramadan.

---

13 Die Tat, bei deren Vollführung es Lohn/Sawab gibt, bei deren Auslassen es hingegen keine Sünde oder Missbilligung gibt, wird als *Mustahab* gewertet.

DAS FASTEN – DER SEGEN DES RAMADAN

Der Ramadan ist kein Monat, der allein untereinander und mit dem Fasten, dem Ritualgebet, der Reuebekundung, *Dhikr*[14] und der Verrichtung anderer Glaubenspraxen verbracht wird. Es ist eine Zeit, in der die Großzügigkeit mit den Sozialsteuern, Spenden und aus Herzen kommenden Geschenken ihren Höhepunkt erreicht und in der mit materiellen und spirituellen Hilfeleistungen die Geschwisterlichkeit im Glauben erlebt wird. Der Ramadan ist erst dann ein segensreicher Ramadan, wenn er mit allen Glaubensgeschwistern zusammen verbracht wird und die Schönheiten miteinander geteilt werden. Lediglich unter diesen Umständen können wir seinen Frieden, seine Überfülle, die Gnade und die spirituelle Atmosphäre verspüren. Dann wird er zu einem heiligen Monat, in dem der Glaube, die Glaubenspraxen, die gute Moral, das Wissen, die Geschwisterlichkeit und die Hilfeleistung intensiv ausgelebt werden, der unsere Seelen nährt und uns regeneriert.

---

14 Unter *Dhikr* wird das Gedenken und Erwähnen Allahs verstanden, mit dem Ziel, Ihn nicht zu vergessen und sich vor der Entfernung vom Glauben zu schützen.

Anlässlich dieses heiligen Monats, in dem die Vergessenen in Erinnerung gerufen und die Unterlassenen erfreut werden, kehren wir im Grunde in unser eigenes Inneres ein und stehen uns selbst gegenüber. Anstatt uns mit den Mängeln und Fehlern anderer zu beschäftigen, beseitigen wir unsere eigenen Mängel und erinnern uns an unseren eigenen inneren Kern. Wenn der Halbmond zum Vollmond vervollkommnet, vervollkommnen im Grunde wir selbst.

DIE VORBEREITUNGEN AUF DEN RAMADAN…

Nach den Monaten *Radschab* und *Schaban* steht Ramadan, der letzte der Monate, die als „heilige drei Monate" bekannt sind, an der Tür. Die Zeit der *Barakah*[15] und Friedens beginnt, in welcher unsere Ibadah um ein Vielfaches Lohn (Sawab) einbringen, wir den *Ihsan*[16] Allahs intensiv verspüren und die eine Möglichkeit ist, um Vergebung zu erlangen, von Sünden geläutert zu

---

15 *Barakah* bedeutet Fülle, Überfluss, Ergiebigkeit, Segen und Glückseligkeit.
16 Der Begriff *Ihsan* beschreibt jegliche Hilfe und Wohltat, die ohne die Erwartung einer Gegenleistung getätigt wird.

werden sowie um von Wohltaten und dem Lohn Allahs zu profitieren. Nicht nur die Menschen, sondern auch Häuser, Moscheen, Straßen und Städte bekommen diese Ramadan-Atmosphäre zu spüren. Es wartet ein Monat auf uns, der mit vorzüglichen Ibadah, die den Menschen erhaben machen, mit Bittgebeten, neuen Hoffnungen, guten Absichten und vielen weiteren Schönheiten verbracht wird.

Wenn die Zeit des Ramadans nahte, verspürte der Prophet die Freude und Aufregung des Empfangens dieses Monats und verkündete auch seinen Gefährten die Ankunft dieses heiligen Monats. Er sprach das Gebet „*Oh Allah! Mache die Monate Radschab und Schaban zu einem Segen für uns und lasse uns den Ramadan erreichen.*" (Tabarani, al-Mu'dscham al-Avsat, IV, 189) Er fing gegen Ende des Monats Schaban an, sich auf den Ramadan vorzubereiten, teilte auch seinen Gefährten mit, dass sich der Ramadan näherte, und wies ihnen den Weg, damit sie jeden Moment des Ramadans mit seinen Nächten und Tagen sowie den Sahur[17]-Mahlzeiten und den Mahlzeiten zum Fastenbrechen (*Iftar*) erfüllt erlebten.

---

17 *Sahur* bezeichnet die Mahlzeit, welche vor dem *Imsak* in der Nacht verzehrt wird.

Besteht das Fasten lediglich aus dem Hungern und Dursten?

DAS FASTEN - DER SEGEN DES RAMADAN

Die Muslime, die seine Ratschläge befolgten, bemühten sich darum, diese Zeit so gut wie möglich wertzuschätzen und auszuschöpfen, indem sie die Tage mit dem Fasten und die Nächte mit dem Tarawih-Ritualgebet verbrachten. Mit dem Tarawih-Ritualgebet, welches sie gleich nach dem Salah al-Ischa (Ritualgebet zur Nacht) und vor dem Witr-Ritualgebet verrichteten, führten sie die Sunnah des Propheten fort und werden mit folgender Verheißung beschert:

„Allah, der Erhabene, verpflichtete euch zum Fasten im Monat Ramadan. Die Nächte des Ramadans mit dem Ritualgebet zu verbringen ist hingegen meine Sunnah. Derjenige, der im Monat Ramadan glaubend und (lediglich auf den Lohn Allahs) hoffend fastet, und in den Nächten das Ritualgebet (Tarawih) verrichtet, der wird wie am Tag seiner Geburt von seinen Sünden rein sein."
(Nasa'i, Siyam, 40)

Der Beginn des Ramadans wird mit dem Erscheinen des Halbmondes bestimmt. Wenn der Gesandte Allahs den Halbmond sah, sprach er das Takbir und dankte Allah, wünschte sich den Segen dieses Monats von Ihm und nahm seine Zuflucht vor dem Übel dieses Monats bei Ihm. (Ibn Abi Schaybah, Musannaf, Siyam, 106) Er hielt seiner Gefährtengruppe Predigten bezüglich der Vorzüglichkeit des Ramadans und forderte sie dazu auf, mit dieser Besinnung zu handeln:

„*Der Monat Ramadan ist gekommen. Dieser Monat ist ein Monat, in dem Allah das Fasten als Fardh bestimmte. In diesem Monat werden die Tore des Himmels (des Paradieses) geöffnet, die Tore der Hölle geschlossen und die aufsässigen Teufel, die sich gegen Allah auflehnen, in Ketten gelegt. In diesem Monat befindet sich solch eine Nacht, die segensreicher als tausend Monate ist. Wer der Vorzüglichkeit dieser Nacht entbehrt bleibt, ist (der Vorzüglichkeit von tausend Monaten) entbehrt.*" (Nasa'i, Siyam, 5)

„*Der Monat Ramadan kam zu euch mit seinem Segen, Allah macht euch in diesem Monat reich, Er sendet euch aus diesem Anlass Barmherzigkeit hinab, Er beseitigt die Fehler, Er nimmt die Bittgebete in diesem Monat an. Allah, der Erhabene, blickt auf euren Wetteifer gegeneinander (bezüglich der Glaubenspraxis und Wohltaten im Ramadan) und rühmt sich mit euch vor Seinen Engeln. So bewährt euch Allah hinsichtlich des Guten und Segensreichen. Wer sich der*

Gnade Allahs im Ramadan entbehrt, ist eine unglückselige Person." (Haythami, Madschma al-Zawa'id, III, 344)

DAS FASTEN (SAWM)

Was ist das Fasten?

Das Fasten (Sawm), dessen Verrichtung im Ramadan Fardh, also absolut Pflicht ist, ist eine der grundlegenden Ibadah im Islam. Es bedeutet, von der Imsak-Zeit (ab der Morgendämmerung) bis zur Iftar-Zeit (bis zum Sonnenuntergang) die Nahrungs- und Flüssigkeitszufuhr sowie den Geschlechtsverkehr zu unterlassen.

Wird auch in anderen Religionen gefastet?

Die Geschichte des Fastens ist im Grunde genauso alt wie die Menschheitsgeschichte. Das Fasten findet sich auch in anderen Religionen und Glaubensvorstellungen wieder. Auch wenn es unterschiedlich durchgeführt wird, gibt es das Fasten als religiöses Ritual auch im Christentum und im Judentum. In Religionen wie dem Hinduismus und dem Buddhismus hingegen wird vielmehr für die Erziehung des Nafs (der Triebseele) und den spirituellen/

Das Fasten ist ein Schutzschild!

geistigen Werdegang gefastet. Das Fasten war den Arabern auch vor dem Islam in anderen Formen bekannt.

Im Islam wurde das Fasten mit den Koranversen, die im achten Monat der Hidschrah[18] offenbart wurden, zum Fardh erklärt:

„Oh die ihr glaubt! Vorgeschrieben ist euch das Fasten an bestimmten Tagen, so wie es denjenigen vor euch vorgeschrieben war, auf dass ihr gottesfürchtig werden möget. Wer von euch jedoch krank ist oder sich auf einer Reise befindet, der soll eine (gleiche) Anzahl von anderen Tagen (fasten). Und denjenigen, die es zu leisten vermögen, ist als Ersatz die Speisung eines Armen auferlegt. Wer aber freiwillig Gutes tut, für den ist es besser. Und dass ihr fastet, ist besser für euch, wenn ihr (es) nur wisst! Der Monat Ramadan (ist es), in dem der Koran als Rechtleitung und als klare Beweise der Rechtleitung und der Unterscheidung für die Menschen herabgesandt wurde. Wer also von euch während dieses Monats anwesend ist, der

---

18 Die *Hidschrah* bezeichnet die Auswanderung/Flucht des Propheten Muhammed (saw.) von Mekka nach Medina im Jahr 622.

soll ihn fasten, wer jedoch krank ist oder sich auf einer Reise befindet, (der soll) eine (gleiche) Anzahl von anderen Tagen (fasten). Allah will für euch Erleichterung; Er will für euch nicht Erschwernis, – damit ihr die Anzahl vollendet und Allah als den Größten preist, dafür, dass Er euch rechtgeleitet hat, auf dass ihr dankbar sein möget." (al-Baqara, 2/183-185)

Zudem verkündete auch der Prophet Muhammed wie folgt, dass das Fasten im Ramadan zu den unverzichtbaren Grundsätzen des Islams zählt:

„Der Islam wurde auf fünf Grundsätzen erbaut; zu bezeugen, dass es keinen Gott außer Allah gibt und dass Muhammed der Gesandte Allahs ist, das Ritualgebet rechtmäßig zu verrichten, die Sozialsteuer zu vergeben, zu pilgern und im Ramadan zu fasten." (Muslim, Iman, 21)

Warum wird gefastet?

Wenn das Fasten lediglich als ein Akt des Hungerns und Durstens verstanden wird, können Fragen wie „Warum fasten wir?" und „Was bringt das Hungern und Dursten dem Menschen?" aufkommen. Wie jedoch auch in den oben genannten Versen und Ahadithen betont wurde, ist

DAS FASTEN – DER SEGEN DES RAMADAN

das Fasten eine unerlässliche Bedingung, um Muslim zu sein. Es ist unvorstellbar, dass eine Person, die an Allah glaubt und kundgibt, dass sie Muslim ist, nicht fastet. Die Glaubenspraxis des Fastens ist allem voran ein Zeichen und Beweis unseres Glaubens als Muslime. Es ist der schönste Ausdruck unserer Hingabe, Nähe und Danksagung an unseren Herrn. Dass lediglich für Ihn und für Sein Wohlgefallen selbst das Essen und Trinken unterlassen werden kann, ist ein Zeichen unserer Aufrichtigkeit. Der Gesandte Allahs wies mit folgenden Worten auf diese Dimension des Fastens, das ein aufrichtiges Aufzeigen der Hingabe und Dienerschaft für Allah ist, hin:

„…*Ich schwöre bei Allah, Der mich am Leben erhält, dass der Mundgeruch des Fastenden bei Allah lieblicher ist als der Moschus-Duft. (Allah spricht für den Fastenden Folgendes):* ‚*Er unterlässt sein Essen, Trinken und seine Wollust lediglich für Mich. Das Fasten ist für Mich. Ich persönlich werde die Belohnung hierfür vergeben. Und für eine Wohltat wird es zehnfachen Lohn (Sawab) geben.*" (Bukhari, Sawm, 2)

**Denn das Fasten
reinigt,
läutert,
erzieht,
verändert,
verklärt und
beschützt.**

Eine Person, die mit aufrichtigen Gefühlen, fern von *Riya*[19] und nur für Allah fastet, wird einzigartige Belohnungen erlangen. Sie wird sich auf eine spirituelle Reise in ihre eigene Innenwelt begeben, sich in Seelenruhe ihrem Herrn hinwenden, verspüren, dass sie sich Ihm nähert und die Erwiderung reichlich zu sehen bekommen. Sie wird die Ruhe, die das Fasten in ihre Seele einbringt, kosten; spüren, dass sie mit der Gnade ihres Herrn umgeben wird und in geistlicher Sicht eine besondere Erfahrung erleben. Aus diesem Grund können wir die Situation einer fastenden Person -ihre diesbezüglichen geistlichen Erlebnisse und Erfahrungen ignorierend- nicht nur als ein Hungern und Verdursten sehen und das Fasten nicht mit solch einer Definition begrenzen. Der körperliche Hunger einer Person verhindert nicht das Erlebnis einer spirituellen Befriedigung, sondern verhilft zur Erziehung ihres Körpers und ihrer Triebseele (Nafs), indem er die Person erleichtert und beruhigt. Somit rettet sich der fastende Mensch von der Dominanz

---

19 *Riya* (Heuchelei) beschreibt die Zurschaustellung von Aussagen, Taten und Verhaltensweisen, die eigentlich für Allah vorgeführt werden sollten.

seiner menschlichen Gelüste und befreit seine *Iradah*.[20]

In dieser Hinsicht ist das Fasten eine „Erziehung der Willenskraft". Denn dass die Person alleinig für das Erlangen des Wohlgefallen Allahs von grundlegenden Bedürfnissen absieht und den Wünschen seiner Triebseele entgegensetzt, erfordert eine standhafte Willenskraft. Das Fasten erfordert die gänzliche Beherrschung der Triebseele, die Prüfung der Geduld zu bestehen und sich selbst mit einer bestimmten Disziplin unter Kontrolle zu halten. In dieser Hinsicht ist das Fasten eine große Chance, damit der Mensch seine Willenskraft beherrscht, seine Persönlichkeit stärkt und sich sowohl geistlich als auch körperlich bändigt. Wenn der Mensch diese Chance entsprechend verwerten kann, findet er seinen persönlichen Frieden, erkennt die positive Wirkung eines jeden Fasttages und erneuert regelrecht das Vertrauen. Die Person, die in der spirituellen Atmosphäre des Ramadan aufatmet, erzieht sich mit dem Fasten fern von jeglichen Streitigkeiten; sie verspürt,

---

20 *Iradah* beschreibt die Willenskraft, mit der der Mensch sich für eine Tat entscheiden und diese durchführen kann.

wie die Gefühle des Friedens, der Ruhe, der Gesetztheit, und der *Taqwa*[21] ihre negativen Seiten überwinden und wie sie förmlich engelhaft wird.

Das Fasten beschützt uns gegen jegliches Übel und ist regelrecht ein Schutzschild. Der Gesandte Allahs sprach:

„Das Fasten ist ein Schutzschild (, der seinen Besitzer beschützt). Der Fastende soll nichts Respektloses tun und nicht unanständig reden. Wenn jemand mit ihm zu streiten oder ihn zu beschimpfen versucht, so soll er zweimal ‚Ich faste.' sagen..." (Bukhari, Sawm, 2)

Diese Worte des Gesandten Allahs zeigen auf, dass das Fasten den Menschen vor Üblem, Sünden sowie teuflischen und wollüstigen Trieben schützt und nicht bedeutet, sich lediglich der Nahrungszufuhr zu enthalten. Dies hingegen ist nur dann möglich, wenn die fastende Person neben ihren Glaubenspraxen auch auf ihre moralischen Handlungen achtet. Das Fasten einer Person gewinnt dann an Bedeutung, wenn sie ihre Hand, ihre Zunge und ihr Herz beherrscht und ihre triebhaften Wünsche zügelt. Anderenfalls,

---

21 *Taqwa* (die Tugendhaftigkeit) beschreibt die Sorgfalt hinsichtlich der Einhaltung von religiösen Geboten und Verboten.

also wenn sie ihre Zunge nicht vor *Ghiybah* (der üblen Nachrede), der Lüge und vor üblen Worten schützen kann, sie ihr Herz nicht vor der Missgunst, *Nifaq* (Zwietracht, Heuchelei) und der Hypokrisie bewahren kann und sich nicht davor scheut, andere Menschen schlecht zu behandeln und ihnen zu schaden, so ist das Fasten weit weniger als ein schützender Schild. Und laut der Aussage des Gesandten Allahs bleibt diesen Personen nur der Hunger und Durst übrig:

„*Wie viele fastende Personen es doch gibt, denen vom Fasten lediglich das Hungern zuteilwird. Und wie viele Personen es doch gibt, die die Nacht mit Glaubenspraxen verbringen, denen vom Qiyam aber lediglich die Schlaflosigkeit zuteilwird.*" (Ibn Madscha, Siyam, 21)

Auch das Fasten besitzt einen Geist. Um diesen Geist zu erfassen, sollte die Person sich dem Fasten unter Beachtung des Wohlgefallen Allahs, mit *Ihlas*[22] und Taqwa nähern und die Moral nicht vom Fasten abgesondert betrachten. Denn anderenfalls bringt jegliche Ibadah, die nicht rechtmäßig verrichtet wurde, keinem

---

22 *Ihlas* bedeutet, die Glaubenspraxen unter der Berücksichtigung des Wohlgefallen Allahs in Aufrichtigkeit zu verrichten.

> **„Mögen die Fastenden bei euch ihr Fasten brechen, mögen die Guten von euren Speisen essen und mögen die Engel Gnade für euch erbitten."**

einen Nutzen und auch unser Herr hat diese nicht nötig:

„Allah braucht es nicht, dass derjenige, der nicht vom Lügen und dem Handeln nach der Lüge ablässt, das Essen und Trinken unterlässt." (Bukhari, Sawm, 8)

So wie das Fasten dazu führt, dass der Mensch auf seiner geistlichen Reise fortschreitet, baut es auch seine Beziehung zu anderen Menschen aus. Der Fastende erkennt den Wert der Gaben, von denen er, auch wenn nur eine bestimmte Zeit lang, fortbleibt. Er erlebt, was Hunger und Durst bedeuten, und schätzt die Gaben in seinem Besitz wert. Indem er die Lage derer, denen diese Gaben entbehrt bleiben, besser versteht, hat er die Möglichkeit, Empathie zu entwickeln. Das Fasten trägt dazu bei, dass die Menschen der heutigen Zeit, die mehr als genug Möglichkeiten besitzen, im Egoismus und Ehrgeiz wetteifern und im Luxus und der Verschwendung schwimmen, die Probleme der Bedürftigen und der Menschen, die ein Leben in Not führen, einfühlen. Durch Praktiken wie

Zakah, Sadaqah[23], Infak[24], zu denen insbesondere im Ramadan angeregt wird, wird der Mensch bezüglich der sozialen Hilfeleistung und der Solidarität gefördert. Somit trägt das Fasten dazu bei, dass der Mensch sowohl sich selbst als auch andere Menschen besser verstehen kann, diesbezüglich ein Empfindungsvermögen aufbaut und zu einem sensitiveren Menschen in psychologischer und sozialer Hinsicht reift.

Vor dem Fasten, nach dem Fasten...

Das Fasten macht uns mit all den Veränderungen des Körpers, der Willenskraft, der psychischen Persönlichkeit, des sozialen Umfelds und der Glaubenspraxis zu ganz anderen Menschen. Unser Körper ist gesünder. Unser Leib wird in biologischer Sicht gereinigt. So wie wir psychisch nicht mehr die gleichen sind, sind wir auch seelisch in einer besseren Lage als vor dem Fasten. Unsere sozialen Beziehungen wurden ausgebaut und wir wurden einfühlsamer gegenüber unserem Umfeld.

---

23 Sadaqah beschreibt alle Gaben und Wohltaten an Bedürftige für das Wohlgefallen Allahs und ohne die Erwartung einer Gegenleistung.
24 Als Infak wird die Ausgabe/Spende bezeichnet, mit der das Wohlgefallen Allahs erzielt wird.

Unsere Situation ist nunmehr nach dem Fasten nicht mehr dieselbe wie zuvor! Die Stadt, in der wir leben, ist nicht mehr dieselbe! Die Welt, deren Luft wir einatmen, hat sich verändert! Nunmehr sind wir reiner, lebendiger und leichter! Denn das Fasten verändert, es wandelt um!

Welches Fasten?

Zunächst die Bekanntgabe der Absicht (Niyah)...

Das Fasten ist eine Ibadah, welche bedeutet, zwischen bestimmten Zeiten (vom Imsak bis zum Iftar) die von Allah festgelegten Grenzen zu beachten und diese nicht zu überschreiten. So wie bei anderen Glaubenspraxen gibt es auch bei dieser Glaubenspraxis zu beachtende Bedingungen und Regeln, damit das Fasten form- und ordnungsgemäß vollbracht werden kann. Allem voran muss die Person, die fasten möchte, die Absicht fassen, diese Glaubenspraxis für das Wohlgefallen Allahs zu verrichten. Die Niyah/Absicht wird eigentlich im Herzen gefasst. Jedoch ist es besser, diese im Herzen gefasste Absicht auch mit Worten auszusprechen. Wichtig ist, dass die

Person lediglich das Wohlgefallen Allahs beabsichtigt und dem Fasten aufrichtig nachgeht, ohne im Herzen einem anderen Ziel entgegenzustreben und ohne es zur Schau zu stellen. Gewiss werden verrichtete Taten nach ihren Absichten gewertet (Bukhari, Badu'l-Wahiyy, 1) und die Ibadah sowie Taten des Menschen gewinnen gemäß der Aufrichtigkeit seiner Absicht an Wert.

Vom Imsak zum Iftar...

Eine Person, die mit Aufrichtigkeit für das Wohlgefallen Allahs zu fasten beabsichtigt, verrichtet die Ibadah des Fastens, indem sie von der Imsak-Zeit bis zur Iftar-Zeit die Nahrungs- und Flüssigkeitszufuhr sowie den Geschlechtsverkehr unterlässt. *Imsak* beschreibt die Zeit, in der das Unterlassen der Verbote des Fastens beginnt. Das bedeutet, dass Imsak die Zeit der Morgendämmerung ist - ab dieser Zeit endet die Gebetszeit des Salah al-Ischa (Ritualgebet zur Nacht) und die Gebetszeit des Salah al-Fadschr (das Ritualgebet am Morgen) beginnt. Daneben bedeutet Imsak, dass das *Sahur*[25] endet und das

---

25 *Sahur* bezeichnet die Mahlzeit, welche vor dem *Imsak* in der Nacht verzehrt wird.

DAS FASTEN – DER SEGEN DES RAMADAN

Fasten beginnt. (Kommission, *Ilmihal*, I, TDV Yay., Ankara, 2005, S. 381)

Im Islam zählt es als Mustahab (erwünscht), dass die Fastenden vor der Morgendämmerung, also vor der Imsak-Zeit, zur Sahur-Zeit aufstehen und eine Mahlzeit zu sich nehmen. Dies ist zugleich eine der Sunnah des Propheten Muhammed. Er verkündete „*Nehmt das Sahur ein, denn im Sahur liegt Segen und Fülle.*" (Muslim, Siyam, 45) Zur Sahur-Zeit aufzustehen und etwas zu essen führt zum einen dazu, dass die fastende Person am nächsten Tag fitter ist, und zum anderen dazu, dass sie in dieser Zeit wach ist und von ihr profitieren kann. Mit der Mahlzeit zum Sahur kommt die ganze Familie zusammen, es herrscht eine besondere Atmosphäre der Ramadan-Freude und der Segen des Ramadan füllt die Häuser. Der Gesandte Allahs verkündete, dass der größte Unterschied zwischen dem Fasten der Muslime und dem Fasten der *Ahl al-Kitab*[26] das Aufstehen zum Sahur ist. (Muslim, Siyam, 46) Er und seine Gefährten bemühten sich darum, für das Sahur aufzustehen.

---

26 Als *Ahl al-Kitab* werden diejenigen bezeichnet, die an die Bücher, die Allah Seinen Propheten sandte, glauben.

Das vorzüglichste Fasten nach dem Ramadan-Fasten ist das Fasten im Monat Muharram...

DAS FASTEN – DER SEGEN DES RAMADAN

Die Ibadah des Fastens, welche mit der Imsak-Zeit beginnt, endet mit der Iftar-Zeit. *Iftar* beschreibt die Zeit, in der mit dem Untergang der Sonne die Verbote des Fastens aufgehoben werden. Die Muslime, die mit dem *Adhan*/Gebetsruf zum Salah al-Maghrib (Ritualgebet am Abend) ihr Fasten brechen, erleben die Freude der Verrichtung ihrer Glaubenspraxis. Diese Freude, die die Muslime erleben, wird sicherlich nicht nur im weltlichen Leben andauern. Denn der Gesandte Allahs sprach: *„Der Mu'min (Gläubige) hat zwei Freuden: Eines ist die Freude, nachdem das Fasten zur Iftar-Zeit gebrochen wird, die andere ist die Freude (aufgrund der Belohnung) wenn er mit seinem Herrn zusammenkommt."* (Muslim, Siyam, 163) Außerdem verheißt er den Gläubigen, die ihr Fasten brechen, Folgendes: *„Gewiss gibt es zu jeder Iftar-Zeit Menschen die von Allah (vor dem Höllenfeuer) befreit werden. Dies geschieht in jeder Nacht (des Ramadan)."* (Ibn Madscha, Siyam, 2)

Der Gesandte Allahs brach sein Fasten fern von Vergeudung und Prunk mit einer äußerst bescheidenen Tafel. Er versäumte es nicht, vor dem Fastenbrechen seinem Herrn zu danken, und brach sein Fasten mit Aussagen wie *„Der Durst ist vergangen,* *die Geäder fanden das Wasser. In scha' Allah (so Allah will) wurde auch der Lohn des Fastens gewonnen."* (Abu Dawud, Siyam, 22) oder *„Oh Allah! Für Dein Wohlgefallen habe ich gefastet. Mit Deinen Gaben habe ich mein Fasten gebrochen."* (Abu Dawud, Siyam, 22) Nachdem er gegessen hatte, betete er in der Form von *„Mögen die Fastenden bei euch ihr Fasten brechen, mögen die Guten von euren Speisen essen und mögen die Engel Gnade für euch erbitten."* (Abu Dawud, At'ima, 54)

Durch das Teilen der Iftar Mahlzeiten mit anderen und insbesondere mit hilfsbedürftigen Menschen, können wir den Segen und Überfluss des Ramadan verspüren. Dann können wir die Mahlzeiten, welche dem Geist und der Atmosphäre des Ramadan ziemen, im wahrsten Sinne genießen sowie die Gnade und Gunst unseres Herrn erhalten. Den Weg hierfür zeigte der Gesandte Allahs wie folgt auf: *„Derjenige, der einen Fastenden zum Fastenbrechen bewirtet, erlangt nochmals Sawab (Allahs Lohn) in der Menge des Lohns der Person, die er zum Iftar bewirtet."* (Tirmidhi, Sawm, 82)

Wer kann fasten?

Damit eine Person im Islam zur Glaubenspraxis des Fastens verpflichtet wird, gibt es manche Bedingungen. Wie es auch für andere Glaubenspraxen erforderlich ist, muss die Person auch für das Fasten Muslim sein, die Pubertät erreicht haben, geistig gesund und zurechnungsfähig sein. Diejenigen, die, obwohl sie die Bedingungen erfüllen, so krank sind, dass sie nicht fasten können, oder sich auf der Reise befinden, können das Fasten auslassen. Diese Personen holen das Fasten nach, wenn sich ihre Umstände normalisieren. Desgleichen müssen auch schwangere oder stillende Frauen nicht fasten und können das versäumte Fasten in anderen Zeiten nachholen. Diejenigen, die aufgrund ihres Alters nicht fasten können, und Kranke, die keine Hoffnung auf eine Genesung haben, müssen für jeden versäumten Fasttag eine *Fidyah* abgeben, deren Betrag die eintägige Verpflegung eines Bedürftigen decken muss. (*Ilmihal*, S. 394-395) Fidyah beschreibt den geldlichen Beitrag, der gezahlt wird, wenn aufgrund dieser und ähnlicher Hindernisse nicht gefastet werden kann. Eine Fidyah ist die eintägige Versorgung einer Person oder der entsprechende geldliche Beitrag. Dies hingegen ist dem Betrag der „*Sadaqah al-Fitr*" gleich. Dies ist der Mindestbeitrag der Fidyah. Für diejenigen, die die Möglichkeit besitzen, ist eine höhere Abgabe vorzüglicher.

Was macht das Fasten ungültig?

Damit das Fasten *Sahih*[27] verrichtet wird, gibt es manche Handlungen, die zu unterlassen sind. Wenn gegen diese Handlungen, die auch die Verbote des Fastens genannt werden, verstoßen wird, wird das Fasten ungültig. Allen Dingen, die das Fasten ungültig machen, kommt das Verstoßen gegen die Verbote der Nahrungs- und Flüssigkeitszufuhr und des Geschlechtsverkehrs, welche das Wesen dieser Ibadah sind, voran. Wenn eines dieser Verbote wissentlich gebrochen wird, so muss die Person *Qadha* (Nachholen) und eine *Kaffarah*[28] (Sühneleistung) erbringen. *Qadha* bedeutet, dass die Person anstelle des versäumten Fasttages zu einer anderen Zeit fastet; und *Kaffarah*

---

27 Die Ibadah, welche gemäß den Bedingungen und Regeln verrichtet wird, wird als *Sahih* beschrieben.
28 Die *Kaffarah* ist die Sühne, um einen Fehler oder eine Sünde wiedergutzumachen.

DAS FASTEN – DER SEGEN DES RAMADAN

bedeutet, dass sie zur Wiedergutmachung des Fastens, welches sie unrechtmäßig brach, bestimmte Handlungen vollführt. Als Sühneleistung für das Fasten im Ramadan wurden, ausgehend von den Handhabungen des Propheten Muhammed, der Freikauf eines Sklaven, das durchgehende zweimonatige Fasten oder, wenn die Person dies nicht vermag, die eintägige Versorgung von sechzig bedürftigen Muslimen bestimmt. (Altuntaş, Halil, Karagöz, Ismail, *Oruç Ilmihali*, DIB. Yay., 2013, S. 100) Wenn das Fasten jedoch ohne Absicht versehentlich gebrochen wird, so muss es lediglich nachgeholt werden.

Die Umstände, unter denen ein Nachholen und eine Sühneleistung erforderlich wird, werden in der *Ilm-i Hal*-Literatur[29] detailliert aufgegriffen.

Wenn hingegen aus Vergesslichkeit etwas gegessen oder getrunken wird, so wird das Fasten nicht ungültig. Der Prophet Muhammed sagte, dass diejenigen, die ihr Fasten vergessend aßen oder tranken, mit dem Fasten fortfahren sollten und dass sie von Allah gespeist und getränkt wurden. (Bukhari, Sawm, 26)

---

29 *Ilm-i Hal* Bücher geben Auskunft über Inhalte der täglichen Glaubenspraxis.

Das Ramadan-Fest ist das Fest derer, die das Fasten als Schutzschild vor dem Üblen nahmen.

Was sind die Makruh[30] des Fastens?

Alle Handlungen, die der Bedeutung und dem Ziel des Fastens unwürdig sind und bei Fortführung gar das Fasten ungültig machen könnten, zählen zu den Makruh des Fastens. Beispielsweise ist es Makruh, etwas zu kosten oder zu kauen, denn es besteht die Wahrscheinlichkeit, dass es verschluckt wird. Zudem zählen auch Handlungen wie Blut abnehmen zu lassen als Makruh, da der Fastende dadurch geschwächt wird. (Ilmihal, S. 406) Verhaltensweisen wie diese, die die geistliche Atmosphäre des Fastens stören und der Sensitivität, die der Fastende aufweisen sollte, fern sind, sollten vermieden werden.

Was sind die Sunnah/Mustahab des Fastens?

Es gibt so manches, das dem Fastenden empfohlen wird, damit er das Fasten gänzlich ausschöpft und vor allem die spirituelle Atmosphäre des Ramadan

---

30 Als ein Begriff des Fiqh beschreibt *Makruh* Angelegenheiten, die von der Religion als schlecht angesehen werden und denen sich der Mensch fern halten sollte. Jedoch besteht kein verbindlicher und ausreichender Beweis für ein bestimmtes Verbot.

besser verspüren kann. Auch wenn diese die Gültigkeit des Fastens nicht direkt beeinflussen, wurde es als positiv erachtet, diese gemäß den Empfehlungen des Propheten Muhammed umzusetzen. Diese Handhabungen, welche mit der Zeit von den Muslimen verinnerlicht wurden und sich in der Tradition verwurzelten, treten als die Sunnah[31], Adab[32] und Mustahab[33] des Fastens zum Vorschein.

Den Mustahab-Handlungen, die dazu verleiten, dass man das Fasten genießt, kommt das Aufstehen zum Sahur voran. Zur Sahur-Zeit aufzustehen und, wenn auch nur wenig, etwas zu essen, von der Vorzüglichkeit und dem Segen dieser Zeit zu profitieren, das Sahur insbesondere in das letzte Drittel der Nacht einzuplanen,

---

31 *Sunnah* beinhaltet alle Tätigkeiten, die weder als Fardh noch als Wadschib eingestuft werden, jedoch trotzdem erwartet werden und die durch den Propheten Muhammed (saw.) selbst aufgezeigt und empfohlen wurden.

32 Als ein Begriff des Fiqh (islamisches Recht) beschreibt *Adab* die unregelmäßig vollzogenen Handlungen des Propheten (saw.). Islamrechtlich wird einer Person bei der Verrichtung dieser Handlungen Allahs Lohn zuteil, jedoch ist die Auslassung der Adab keine Sünde. In dieser Hinsicht ist Adab ein Synonym der Begriffe *Nafila* und *Mustahab*.

33 Die Tat, bei deren Vollführung es Lohn/Sawab gibt, bei deren Auslassen es hingegen keine Sünde oder Missbilligung gibt, wird als *Mustahab* gewertet.

DAS FASTEN – DER SEGEN DES RAMADAN

diese Zeit mit dem Salah al-Tahadschud (freiwilliges Ritualgebet in der Nacht) und mit Bittgebeten zu verbringen, gehört zu den abgegebenen Empfehlungen.

Wenn die Zeit des Iftar bevorsteht, sollte das Fastenbrechen nicht verzögert werden. Diesbezüglich sagte der Gesandte Allahs: *„Solange die Menschen sich zum Fastenbrechen beeilen, wenn die Zeit gekommen ist, werden sie mit dem Rechten und dem Segen sein."* (Bukhari, Sawm, 45)

Beim Fastenbrechen Bitt- und Dankgebete zu sprechen, das Fasten mit etwas Süßem wie einer Dattel oder mit Wasser zu brechen, die rituelle Ganzkörperwaschung (Ghusl), wenn sie vorgenommen werden muss, vor der Imsak-Zeit zu vollführen, Angehörigen und Bedürftigen mehr Hilfe und Geschenke zukommen zu lassen, sich von üblen Reden und Verhaltensweisen fernzuhalten; sich mehr mit glaubenspraktischen Beschäftigungen wie mit der *Tilawah*[34] des heiligen Korans, Bitt- und Dankgebeten und Salawat[35] auseinanderzusetzen, sich in den letzten

---

34 Das schöne und laute Rezitieren des heiligen Korans gemäß der Regeln wird *Tilawah* genannt.
35 *Salawat* ist ein Segnungsbittgebet für den Propheten Muhammed (saw.).

zehn Tagen des Ramadan zum I'tikaf zurückzuziehen sind Handlungen, die bezüglich des Fastens empfohlen wurden. (Dönmez, Ibrahim Kâfi, „Oruç", *DIA*, XXXIII, 416-425, *Ilmihal*, S. 402-403)

Welche Arten des Fastens gibt es?

Das Fasten im Ramadan gehört zu den Grundsätzen des Islam und es ist für jeden Muslim Fardh, dieses Fasten zu verrichten. Daneben gibt es empfohlene Fasttage zu manchen vorzüglichen Zeiten. Der Gesandte Allahs bemühte sich darum, zu diesen heiligen Zeiten zu fasten und empfahl dies auch seiner Gefährtengruppe (*Ashab*). Auf diesem Wege wurde die Möglichkeit geboten, die spirituelle Atmosphäre des Fastens nicht nur einen Monat, sondern das ganze Jahr über zu genießen. Für die Muslime ist es ein großer Gewinn, einen Nutzen aus der Vorzüglichkeit dieser Zeiten zu ziehen, welche alle einen eigenen besonderen Stellenwert haben, und diese wertzuschätzen.

Das Schawwal-Fasten

Im Monat Schawwal, welcher der Folgemonat des Ramadan ist, sechs Tage zu fasten, wurde als Mustahab angesehen.

„Derjenige, der im Ramadan fastet und hierauf sechs Tage im Monat Schawwal fastet, ist wie, wenn er das ganze Jahr gefastet hätte." (Muslim, Siyam, 204)

Das Aschura-Fasten

Das Fasten am Tag von Aschura, welcher der zehnte Tag des Monats Muharram ist, ist eine Sunnah des Propheten. Als der Gesandte Allahs, nachdem er nach Medina kam, sah, dass die Juden am Tag von Aschura fasteten, fragte er sie, warum sie dies an diesem Tag tate. Die Juden antworteten, dass Allah den Propheten Musa/Moses und die *Söhne Israels*[36] an diesem Tag errettete, der Prophet Musa zur Erinnerung dieses Tages fastete, sie dem Propheten Musa Folge leisteten und deshalb auch fasteten. Der Gesandte Allahs sagte daraufhin *„Ich bin Musa (Moses) näher als ihr es seid."* (Bukhari, Sawm, 69; Muslim, Siyam, 128) und befahl das Fasten am Tag von Aschura. Nachdem später das Fasten im Ramadan Fardh wurde, führte der Gesandte Allah das Fasten am Tag von

---

36 Die Söhne des Propheten Yakub und diejenigen von seiner Sippe werden als die *Söhne Israels* bezeichnet.

Aschura als eine Empfehlung fort und sprach: *„ Das vorzüglichste Fasten nach dem Ramadan-Fasten ist das Fasten im Monat Muharram..."* (Muslim, Siam, 202) Es wurde jedoch überliefert, dass der Gesandte Allahs (saw.) den Muslimen -um nicht den Juden zu gleichen- empfahl, das Fasten am Tag von Aschura mit dem Fasten des 9. oder 11. Tag des Muharram zu ergänzen, also mindestens zwei Tage zu fasten. (Ibn Hanbal, I, 240)

Das dreitägige Fasten in jedem Monat

Der Prophet Muhammed empfahl das Fasten an den 13., 14. und 15. Tagen der Monate des Mondkalenders. Aufgrund der Helligkeit des Vollmondes an diesen Tagen wurden diese drei Tage *„Ayyam-i Bid"*, was weiße/helle Tage bedeutet, genannt. Diesbezüglich wurde von Abu Hurayra Folgendes überliefert: *„Mein Freund (der Gesandte Allahs) (saw.) empfahl mir drei Dinge. Jeden Monat drei Tage zu fasten, zwei Gebetseinheiten Salah al-Duha (freiwilliges Ritualgebet am Vormittag) zu verrichten und vor dem Schlafengehen das Witr-Ritualgebet zu verrichten."* (Bukhari, Sawm, 60)

Das Fasten an Montagen und Donnerstagen

Der Gesandte Allahs (saw.) pflegte es, an Montagen und Donnerstagen zu fasten, und sagte: *„Die Taten werden Allah an Montagen und Donnerstagen vorgelegt. Ich wünsche, während meine Taten vorgelegt werden, am Fasten zu sein."* (Tirmidhi, Sawm, 44) Aus diesem Grund wurde es empfohlen, an diesen vorzüglichen zwei Tagen freiwillig zu fasten.

Das Dhu'l-Hiddscha-Fasten

Der Prophet Muhammed verbrachte die ersten neun Tage des Monats Dhu'l-Hiddscha fastend und empfing den ersten Tag des *Eid ul-Adha* (Opferfests), welcher der zehnte Tag des Dhu'l-Hiddscha ist, auf diese Weise. Er wies vor allem auf die Vorzüglichkeit des Fastens am Vortag des Opferfestes (*Tag von Arafat*) hin und verkündete, dass dieses Fasten für die Sünden eines Jahres sühnt. (Muslim, Siyam, 197) Dementsprechend wird es als Mustahab angesehen, die ersten neun Tage des Dhu'l-Hiddscha zu fasten.

Das Fasten im Monat Schaban

Eine weitere Zeit, in der der Gesandte Allahs (saw.) zu fasten pflegte, ist der Monat Schaban. Bezüglich des Fastens im Schaban wurde von Aischa Folgendes überliefert: *„Der Prophet (saw.) fastete in keinem Monat mehr, als er im Monat Schaban fastete. Er verbrachte (fast) den ganzen Monat Schaban fastend."* (Muslim, Siyam, 176) Dabei werteten manche Gelehrte es als Makruh, ab der zweiten Hälfte des Monats Schaban zu fasten, damit der Ramadan nicht geschwächt empfangen wird.

Das Dawud (as.)[37] - Fasten

Die Handhabung, einen Tag zu fasten und einen Tag nicht zu fasten, ist als *Sawm-i Dawud* bekannt. Es wurde überliefert, dass der Prophet Dawud (as.) auf diese Weise fastete. Auch der Prophet Muhammed empfahl aufgrund der Vorzüglichkeit dieses Fastens, es zu verrichten: *„Faste wie das Fasten des Propheten Dawud. Er fastete einen Tag und einen Tag fastete er nicht."* (Muslim, Siyam, 187)

---

37 (as.) ist die Abkürzung für *„Alayhissalam"* mit der Bedeutung *„Gegrüßt sei er"*.

Das Fasten in den Haram-Monaten

Es wurde als Mustahab gewertet, an den Donnerstagen, Freitagen und Samstagen der Monate Dhu'l-Qa'da, Dhu'l-Hiddscha und Radschab, welche als die „Haram-Monate" bekannt sind, zu fasten.

In welchen Zeiten darf nicht gefastet werden?

Während es im Islam empfohlen wurde, in manchen Zeiten zu fasten, wurde das Fasten zu anderen bestimmten Zeiten verboten oder missbilligt. Diesen kommen die Festtage voran. Am ersten Tag des Eid al-Fitr (Fest des Fastenbrechens/ Ramadan-Fest) und an den vier Tagen des Eid ul-Adha (Opferfest) zu fasten ist haram (von Allah verboten). Denn diese Tage sind festliche Zeiten, an denen die Muslime feiern, zusammen essen und trinken. An dieser gemeinsamen Feierlichkeit nicht teilzunehmen, wurde im Islam nicht gut angesehen. Daneben wurde es verboten, dass Frauen im Haydh[38]- und Nifas[39]-Zustand, also während der Menstruation und dem Wochenbett, fasten; dass gefastet wird, wenn dies eine lebensgefährliche Situation hervorrufen könnte und auch dass zwei oder mehrere Tage nacheinander ohne ein

---

38 *Haydh* beschreibt die Menstruationsblutung, welche bei Frauen in regelmäßigen Abständen und für eine bestimmte Dauer auftritt und die das Verrichten mancher Glaubenspraxen verhindert.

39 *Nifas* beschreibt den Sonderzustand der Wochenbettblutung bei der Frau, welche nach der Geburt auftritt.

Fastenbrechen gefastet werden (*Sawm-i Wisal*). Es ist Makruh, nur am Tag von Aschura zu fasten, nur freitags oder nur samstags zu fasten und ebenso auch an den Nowruz- und Mihridschan-Tagen zu fasten. Insbesondere den Freitag, der als der Festtag der Muslime gilt, fastend zu verbringen, wurde als Makruh eingestuft.
(Dönmez, Ibrahim Kafi, „Oruç", *DIA*, XXXIII, 416-425; *Ilmihal*, S. 388-389)

DIE FREUDE AUF DIE FESTTAGE

Das Eid al-Fitr (Ramadan-Fest) ist eine Zeit, in der die Muslime, die in der spirituellen Atmosphäre des Ramadan einen Monat lang ihre Seelen wiederbelebten und sich regenerierten, zusammenkommen und ihre Freude teilen. Festtage sind Zeiten, in denen die Muslime mit der Begeisterung, welche nach den Fasttagen, den verrichteten Ritualgebeten, den verlesenen Koranrezitationen, den verteilten Spenden und vielerlei weiteren Schönheiten, aufkommt, miteinander zusammenwachsen.

Das Ramadan-Fest ist das Fest derer, die das Fasten als Schutzschild vor dem Üblen nahmen. Es ist das Fest derjenigen, die Bedürftige und Arme an

DAS FASTEN – DER SEGEN DES RAMADAN

ihren Tafeln speisten und den Armen und Alleinstehenden Schutz gewährten. Es ist das Fest derjenigen, die den heiligen Ramadan, den Monat der Geduld, der Danksagung, der Glaubenspraxis (Ibadah), der Reuebekundung (Tawbah), der Geschwisterlichkeit und des heiligen Korans, ihm gebührend ausleben.

An den Festtagen wird den Älteren Respekt erwiesen, die Zerstrittenen werden versöhnt, die Verwandtschaft wird besucht und die Bedürftigen sowie Armen werden erfreut. Muslime vereinen sich zu einem Körper; sie erlangen die Chance, die Freude, Begeisterung und Geschwisterlichkeit beisammen zu erleben. An den Festtagen verstehen sie besser, was es bedeutet, „eins" und „wir" zu sein. Durch die Erkenntnis, dass sie das gleiche Mahl teilen, unter dem gleichen Dach, Schulter an Schulter zum Qiyam anstehen, ihre Hände für den gleichen Herrn erheben und die Ummah (Glaubensgemeinschaft) des gleichen Propheten sind, verspüren sie das Bewusstsein der Geschwisterlichkeit tief in ihren Herzen.

Die Muslime öffnen sich gegenseitig ihre Seelen, die mit dem Fasten geläutert wurden, und binden sich fest aneinander.